VENTE
Du Mardi 12 Novembre 1907
HOTEL DROUOT, SALLE Nº 11
à 2 heures

EXPOSITION PUBLIQUE
Le Lundi 11 Novembre 1907
DE 1 HEURE 1/2 A 5 HEURES 1/2

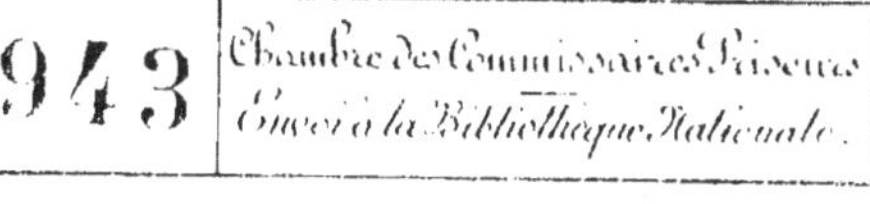

FAIENCES ET PORCELAINES

TABLEAUX, DESSINS, GRAVURES

Meubles et Sièges

BRONZES — OBJETS DIVERS

TAPISSERIES — TAPIS — BRODERIES ORIENTALES

TENTURES

COMMISSAIRE-PRISEUR

Mᵉ GEORGES NORMAND
41, rue de la Victoire

EXPERTS

MM. PAULME & B. LASQUIN FILS
10, rue Chauchat | 12, rue Laffitte

CATALOGUE

DES

TABLEAUX, DESSINS, GRAVURES

FAIENCES ET PORCELAINES

DE DELFT, ROUEN, HISPANO-MAURESQUE, ITALIENNE

PARIS ET AUTRES

MEUBLES ET SIÈGES

ANCIENS ET MODERNES

*Commodes en marqueterie de MACRET, Cabinet Louis XIII
Chambre à coucher*

BRONZES, MARBRES, OBJETS DIVERS

TAPISSERIES, TAPIS, BRODERIES ORIENTALES

TENTURES

DONT LA VENTE AUX ENCHÈRES PUBLIQUES AURA LIEU

HOTEL DROUOT, SALLE N° 11

Le Mardi 12 Novembre 1907

A DEUX HEURES

Par le ministère de :	*Assisté de :*
Mᵉ GEORGES NORMAND	**MM. PAULME et B. LASQUIN FILS**
COMMISSAIRE-PRISEUR	EXPERTS
41, rue de la Victoire	10, rue Chauchat | 12, rue Laffitte

PARIS

Chez lesquels se trouve le présent Catalogue

EXPOSITION PUBLIQUE

Le Lundi 11 Novembre, Salle n° 11, de 1 h. 1/2 à 5 h. 1/2

CONDITIONS DE LA VENTE

Elle sera faite au comptant.

Les adjudicataires paieront *dix pour cent* en sus des enchères.

L'Exposition mettant le public à même de se rendre compte de l'état et de la nature des objets, aucune réclamation ne sera admise une fois l'adjudication prononcée.

Paris. — Imp. de l'Art, CH. BERGER et Cie, 41, rue de la Victoire.

DÉSIGNATION

TABLEAUX

DESSINS, GRAVURES

CARPANTIER (J.)

1 — *Portrait d'Homme en habit gris, assis devant une table et tenant un livre.*

Signé et daté : *1771*.

GUYON (Maximilienne)

2 — *Portrait de Femme tenant un bouquet.*

Dessin.

X...

3 — *Portrait d'Ermite.*

Cuivre.

X...

4 — *Les Filles de Loth.*

Cadre en bois sculpté.

ÉCOLE FRANÇAISE (xviiie siècle)

5 — *Portrait de Jeune Homme.*

Debout, en habit bleu, galon d'or, gilet blanc, tenant son bicorne sous son bras.

ÉCOLE FRANÇAISE (xviiie siècle)

6 — *Enfants jardiniers.*

Dessus de porte.

ÉCOLE FRANÇAISE

7 — *Enfant faisant jouer un chat avec une souris.*

Toile.

ÉCOLE FRANÇAISE

8 — *Bataille.*

Toile.

9 — *Portrait de Marie-Anne-Charlotte Corday.*

Gravure en couleur, par P.-M. Alix.

FAIENCES ET PORCELAINES

10 — Deux plaques formées chacune de dix carreaux, décorés d'un coq et d'une poule.

11 — Douze carreaux en ancienne faïence de Delft, dans deux cadres.

12 — Deux plaques formées chacune de vingt carreaux en faïence de Delft, représentant « *Wilhem Karel, Hendrik Friso prins Van Oranie en Nassau* » et *Haere Koninglyke Hoogheit anna Princesse Van Oranie* etc....

13 — Trois assiettes en faïence, encadrées, à sujets divers. Avec personnages.

14 — Trois plaques de forme circulaire en faïence italienne, sujets divers.

15 — Dix plats ou assiettes en faïence de fabriques diverses.

16 — Plat en porcelaine de Chine avec armoirie au centre ; bouquets de fleurs en bleu au marli.

17 — Assiette en porcelaine de la Compagnie des Indes, avec armoiries.

18 — Gourde en ancienne faïence, avec Saints personnages.

19 — Six pièces : quatre plats ou assiettes et deux coupes en faïence italienne moderne.

20 — Trois plats en ancienne faïence italienne, avec sujets burlesques.

21 — Deux plats en ancienne faïence italienne, décorés chacun de vingt et un blasons avec inscriptions.

22 — Grand plat en faïence de Battaglio, décoré au centre d'un sujet mythologique, bordure à rinceaux et animaux chimériques.

23 — Trois plats en ancienne faïence hispano-mauresque, à reflets métalliques, à ombilic, feuillages et ornements divers au marli.

24 — Coupe à pied en ancienne faïence hispano-mauresque, à reflets métalliques, décor d'oiseaux et feuillages.

25 — Deux écuelles en ancienne faïence hispano-mauresque, décor d'oiseaux et feuillages.

26 — Deux plats en ancienne faïence hispano-
mauresque, à reflets métalliques, ombilic au
centre, feuillages et godrons simulés au
marli.

27 — Deux plats à huîtres, à quatre galeries, en
faïence décorée en couleur.

28 — Grand plat en ancienne faïence de Castelli,
décoré au centre d'un sujet : *l'Amour désarmé*,
rinceaux au marli.

29 -- Plat en faïence, décoré d'un sujet guerrier.

30 — Jardinière en faïence de Rouen.

31 — Masque et coupe en terre, style antique.

32 — Cachepot, coupe, vase, verseuse et deux
éléphants en faïence, biscuit ou porcelaine.

MEUBLES ET SIÈGES

33 — Meuble-bahut, à deux corps, ouvrant à deux portes, et tiroir formant pupitre, en bois sculpté, à cariatides, mascarons et arabesques. En partie du xvi° siècle.

34 — Meuble-bahut, à deux corps, ouvrant à quatre portes et deux tiroirs, en bois sculpté, à rinceaux. Epoque Louis XIII.

35 — Cabinet en ébène, ivoire et écaille, de forme architecturale, avec colonnettes et ornements en bronze. Il ouvre à tiroirs, le dessus forme coffret, avec glace à l'intérieur de l'abattant. Époque Louis XIII.

36 — Commode Louis XIV en marqueterie de bois de placage et bronzes. Dessus de marbre rouge.

37 — Commode Louis XIV en bois sculpté, à trois rangs de tiroirs.

38 — Régulateur, style Louis XIV, bois noir et marqueterie de Boulle.

39 — Commode Louis XV, à deux tiroirs, en
bois de placage, ornée de bronzes. Dessus
de marbre. Elle porte l'estampille de *Macret,
Maître ébéniste*.

40 — Commode Louis XV, à quatre tiroirs, en
bois de placage, ornée de bronzes. Dessus
de marbre.

41 — Encoignure Louis XV en bois de placage,
ornée de bronze. Dessus de marbre.

42 — Armoire Louis XV, à deux portes, en bois
mouluré.

43 — Encoignure, à deux portes, en bois de placage, orné de filets. XVIIIe siècle. Dessus de
marbre.

44 — Commode Louis XVI, à trois rangs de
tiroirs, en marqueterie de bois de placage,
ornée de bronzes. Dessus de marbre. Elle
porte l'estampille de : *Defriche, Maître ébéniste*.

45 — Commode Louis XVI, à trois rangs de
tiroirs, en marqueterie de bois de placage, à
filets ; anneaux de tirage et entrées de serrure
en bronze. Dessus de marbre.

46 — Grande bibliothèque Louis XVI en bois
sculpté.

47 — Secrétaire Empire en acajou, à colonnettes
détachées, ouvrant à abattant; il est orné de
bronzes dorés. Dessus de marbre.

48 — Table de nuit Empire en acajou, à colonnettes détachées, ornée de bronzes. Dessus
de marbre.

49 — Commode Empire en acajou, à quatre
tiroirs, à colonnettes détachées, ornée de
bronzes dorés. Dessus de marbre.

50 — Bibliothèque, style Empire, en acajou et
bronzes, à deux portes; colonnes à cariatides et griffes de lion; le fronton est cou-
ronné de deux aigles et d'un sujet mythologique.

51 — Grand bureau plat en acajou, garni de
bronzes. Style Empire.

52 — Meuble entre-deux en noyer et marqueterie de bois, orné de bronzes.

53 — Chambre à coucher en noyer sculpté, style
Louis XIII, composée d'un grand lit de
milieu, une armoire à glace biseautée et une
table de nuit.

54 — Ameublement de salon en noyer, style
Louis XVI, recouvert en satin vert à fleurs,
composé d'un canapé, deux fauteuils et
deux chaises.

55 — Fauteuil en bois sculpté laqué, pieds à
cannelures. Époque Louis XVI.

56 — Fauteuil Louis XVI.

57 — Méridienne, de style Empire, en acajou et
bronzes, recouverte d'étoffe en soie.

58 — Deux chaises, de style Empire, les pieds
de devant sont formés de dragons ailés sup-
portant les sièges, recouverts en soie verte.

BRONZES, MARBRE
OBJETS DIVERS

59 — Deux grands candélabres, style Louis XVI, à onze lumières.

60 — Paire de flambeaux Empire en bronze doré, forme gaine.

61 — Paire de flambeaux Empire en bronze doré et bronze patiné, forme gaine.

62 — Paire de flambeaux en bronze : Enfants porte-lumières.

63 — Brûle-parfum en bronze japonais.

64 — Glace, époque Louis XIV, cadre en bois sculpté, avec bandes de glace.

65 — Baromètre en bois sculpté et doré. Époque Louis XVI.

66 — Deux glaces dans des cadres en bois sculpté et doré.

67 — Statuette en bois sculpté : La Vierge et l'Enfant.

68 — Grande glace biseautée, cadre en noyer
sculpté.

69 — Buste *d'Homère* en marbre.

70 — Veilleuse d'église en cuivre gravé, avec
trois cariatides : bustes de femmes. En partie
du xvie siècle.

71 — Montre de dame Louis XVI, ornée de tur-
quoises et rubis.

72 — Étui de nécessaire en cuir gravé et doré.
xviiie siècle.

73 — Balance en porcelaine de Paris, décorée.
Époque Empire.

74 — Grosse montre à sonnerie en cuivre. Époque Empire.

75 — Six bols en noix de coco sculpté, intérieur
en métal argenté. Travail chinois.

76 — Légumier en métal argenté. Empire.

77 — Deux grandes jardinières en cristal de
Baccarat, à décor de marguerites, roses,
pivoines. Monture en bronze.

TAPISSERIES, TAPIS, BRODERIES ORIENTALES

TENTURES

78 — Fragment de tapisserie, verdure. xviie siècle.

79 — Panneau en tapisserie d'Aubusson, verdure et oiseaux.

80 — Deux rideaux en tapisserie d'Aubusson à fleurs.

81 — Tapis en tapisserie.

82 — Tapis d'Aubusson, bordure à fleurs.

83 — Deux morceaux de soie rouge, orné d'œillets brodés d'argent. Travail persan.

84 — Tapis entièrement brodé d'or et d'argent, à rinceau, palmettes et ornements divers. Ancien travail oriental.

85 — Ancien tapis de prière oriental en drap richement brodé de feuillages et fleurs, et ornements de broderie d'argent.

86 — Carpette orientale.

87 — Dessus de lit en soie du Japon, avec effilés.

88 — Portière à ornements de style oriental, fond rouge.

89 — Lot de rideaux verts à grands ramages, style oriental.

90 — Grand tapis de Smyrne.

91 — Châle de l'Inde.

92 — Objets omis au Catalogue.

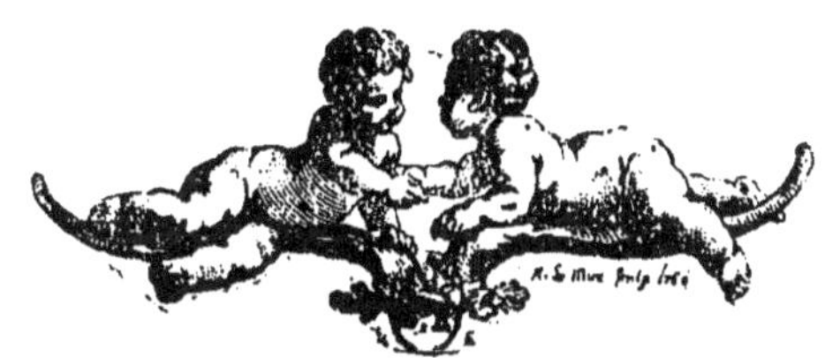